Pour ma Stéphanie,
Princesse de Batavia.
J.-P.K

Merci à Aude Boulet pour ses conseils éclairés.
L'éditrice


BP 177, 38008 GRENOBLE CEDEX – FRANCE
Loi 49956 du 16 juillet 1949 sur les publications destinées à la jeunesse.

ISBN : 978-2-7234-7422-1
Dépôt légal : janvier 2010
Achevé d'imprimer en Italie en février 2010 par L.E.G.O. S.p.A.

D'après le roman de Johanna Spyri

# Heidi
## petite fille des montagnes

Jean-Pierre Kerloc'h

Vincent Dutrait

p'titGlénat

Si vous vous étiez trouvé en 1882 dans le petit bourg de Dörfli, sur les premières pentes des Alpes suisses, vous auriez peut-être vu arriver une jeune femme tirant par la main une petite fille. Il faisait bon, c'était une belle matinée de printemps. Pourtant la gamine était emmitouflée comme s'il gelait. Des gens, au passage, les interpellaient.
– Salut, Dete, il y a longtemps qu'on ne t'a pas vue !
– Alors, Dete, tu reviens au pays natal ?
La femme répondait d'un sourire ou d'un petit bonjour de la main, mais continuait sa route. Alors qu'elles arrivaient à la sortie du village, Dete aperçut une de ses anciennes amies.
– Oh ! Bonjour, Barbel ! Contente de te retrouver !
– Dete ! Quelle surprise ! Où t'en vas-tu d'un si bon pas ?
– Je vais là-haut, chez l'Oncle de l'alpage.
– Chez l'Oncle ! Drôle d'idée ! Moi aussi je vais par là. Chez Brigitte la fileuse. On pourrait faire un bout de chemin ensemble.

– Franchement, Dete, je trouve que tu as bien du courage de monter rendre visite à l'Oncle.
– Je lui amène Heidi, ma nièce. Elle va habiter chez lui.
– Ce n'est pas possible ! Tu ne vas pas confier une enfant à cet affreux bonhomme !
– Je suis bien obligée. Ma sœur avait épousé Tobias, le fils de l'Oncle, mais ils sont morts tous les deux, ça fait bientôt quatre ans. J'ai recueilli Heidi. Mais là, je ne peux plus la garder. On vient de m'offrir une bonne place de femme de chambre à Francfort. Une vraie chance ! Je serai logée, nourrie, bien payée. Seulement voilà, il n'y a pas de place pour une petite fille. Et puis après tout, le vieux, c'est son grand-père.
Barbel baissa la voix pour ne pas être entendue de la fillette :
– L'Oncle, il fait peur à tout le monde. Il paraît qu'avant il possédait une des plus belles fermes du canton, et puis qu'il s'est mis à boire et à jouer à des jeux d'argent, et qu'il a tout vendu, tout perdu avec des voyous. Après, il serait parti à l'armée en Italie. Il paraît même qu'il a tué un homme dans une bagarre. Toi, tu dois bien savoir si c'est vrai, tout ça !
– Ce que je sais, c'est que quelques années plus tard il est revenu au village avec Tobias son fils, qui était tout petit. Et que personne n'a voulu l'aider. On peut comprendre qu'il déteste tout le monde...
– Maintenant il vit là-haut, tout seul avec ses deux chèvres. Il descend de temps en temps au bourg, prendre son pain, vendre ses fromages. Ils sont très bons. Mais lui, pas un sourire, pas un bonjour. Au fait, je me suis toujours demandé pourquoi tout le village l'appelle l'Oncle ?
– La grand-mère de ma mère était la sœur de sa grand-mère. On était cousins, alors on l'appelait l'Oncle. Et comme on est cousins avec plein d'autres gens du village, tout le monde a fini par l'appeler comme ça...

Elles arrivèrent bientôt devant un chalet tout délabré. Brigitte la fileuse apparut sur le pas de sa porte. Elle expliqua à Dete qu'elle vivait là depuis la mort de son mari. Elle avait pris avec elle sa vieille mère aveugle.

– Et Peter, ton petit garçon ? demanda Dete.

– Ah ! Peter ? Il est vaillant pour ses onze ans. Il a repris le travail de son père. Tous les matins, il conduit à l'alpage les chèvres du village, et il les redescend le soir.

Les trois femmes bavardèrent encore un moment. Pendant ce temps, la petite fille s'était débarrassée de ses grosses chaussures cloutées et des deux robes qu'elle portait l'une sur l'autre. En jupons, pieds nus, elle s'essayait à marcher dans l'herbe. Déjà, elle commençait à gambader vers le chalet de l'Oncle.

– Tante Dete ! cria-t-elle, tu prendras mes vêtements !

La tante Dete, pas très contente, ramassa robes et chaussures.

– Attends-moi, Heidi ! J'arrive !

Heidi n'avait pas attendu. Légère et court vêtue, elle fut la première devant le chalet. L'Oncle était là. Cheveux, barbe et sourcils blancs et broussailleux. Immobile sur un banc, il fumait sa pipe. Heidi se planta devant lui. Il leva les yeux. Elle ne les baissa pas.

– Bonjour, Grand-père.

– Mouais ! Bonjour.

Le Vieux aperçut Dete qui arrivait et posait son bagage.

– Dete ! Qu'est-ce que tu viens m'enquiquiner avec ton chapeau ridicule ? Et cette gamine, qui c'est ?

– C'est Heidi. La fille de Tobias, ton fils. Ça fait quatre ans que je prends soin d'elle. À ton tour maintenant. C'est ta petite-fille.

– Et comment je ferai si elle se met à pleurer ?

– Tu te débrouilleras. Ça rachètera un peu toutes tes mauvaises actions.

À ces mots, le vieux se dressa. Ses yeux brûlaient de colère.

– Fiche le camp en vitesse ! La gamine, je saurai m'en occuper mieux que toi !

Dete recula, et préféra s'en repartir sans attendre.

Heidi, tranquillement, fit le tour du chalet, puis se glissa à l'intérieur. Soudain, elle entendit une grosse voix derrière elle. C'était le vieux, un couteau à la main.
– Heidi ! T'as faim ?
– Oh que oui ! Je n'ai rien mangé depuis ce matin.
L'Oncle empoigna un gros pain, tailla une longue tartine, fit fondre une belle tranche de fromage au bout d'une fourchette, puis l'étala sur le pain. Ensuite, il versa du lait dans un bol et posa le tout sur un tabouret.
– Allez, régale-toi ! Demain, je te fabriquerai une chaise haute pour que tu puisses manger à table.
Heidi engloutit le tout.
– C'était drôlement bon ! Mais dis-moi, Grand-père, où est-ce que je vais dormir ?
– Où tu voudras.
Heidi avait repéré une échelle menant vers une sorte d'étage, ouvert sur la pièce du bas. Elle monta et découvrit une soupente à foin, éclairée par une lucarne.
– Ça me ferait une gentille chambre.
Le vieux la rejoignit.
– D'accord. Je vais faire ton lit.
Sur une double couche de foin, il étala une toile, puis il lui étendit un grand sac.
– Ça te servira de couverture.
– Quel lit confortable ! s'écria Heidi. En plus, ça sent bon. Je vais tout de suite me reposer un peu.
Dans la soirée, Heidi fut tirée de son demi-sommeil par des bruits de grelots et par la voix de son grand-père.
– Heidi, viens voir ! Voilà Peter le chevrier. Il nous ramène Blanchette et Brunette.
Les deux chèvres s'approchèrent du vieux et lui léchèrent les mains.
– Je leur donne du sel, expliqua-t-il. C'est bon pour leur santé. Maintenant, je vais les traire et les rentrer à l'étable. Après, nous casserons une petite croûte. Et au lit, Heidi !
Quand Heidi fut endormie, le grand-père s'occupa de ses fromages. Puis tout doucement, il monta à l'échelle. Éclairée par un rayon de lune, Heidi dormait comme un petit ange.

Pénétrant à travers la lucarne, le soleil du matin réveilla Heidi. Le grand-père lui avait préparé lait chaud et pain grillé frotté de miel. Il lui montra aussi une bassine d'eau.
– Faudra faire ta toilette.
Un peu plus tard, ils entendirent des bruits de grelots et des sifflements. C'était Peter menant les chèvres du village. Il venait chercher Brunette et Blanchette.
– Heidi ! dit le grand-père, ça te dirait de passer la journée sur l'alpage avec Peter et les chèvres ?
– Oh que oui !
Le vieux fit signe à Peter.
– Je vais mettre dans ton sac du pain et du fromage pour Heidi. Un bol aussi. Elle ne saura pas boire au pis d'une chèvre, alors tu lui trairas du lait.
Et voilà les deux enfants montant vers l'alpage. La petite fille, éblouie, découvrait les couleurs du ciel, des arbres, des pâturages. Elle cueillait des fleurs sauvages...

Ils arrivèrent enfin au pâturage. Sans attendre, Peter s'était allongé dans l'herbe, bras en croix. Heidi, elle, avait besoin de bouger. Elle se sentait libre comme une chevrette. Elle allait et venait, remplissant ses yeux de paysages merveilleux. Au-dessous et au-dessus d'elle, des blocs de rochers. Tout en bas, la vallée avec ses maisons minuscules. Tout en haut, sur les sommets, les étincelantes neiges éternelles.
Elle s'étendit à son tour en rêvant. Elle s'étonna en voyant passer un grand aigle royal, trompettant dans le bleu profond du ciel.
Quand il fut midi au soleil, Peter siffla pour rassembler son troupeau. Il offrit à Heidi un bol de lait tiède, tiré du pis de Brunette. Puis il ouvrit son sac à provisions. Pour lui, deux petits bouts de pain et de fromage. Pour Heidi, deux gros morceaux. Il fut tout étonné d'entendre la petite fille lui dire :
– J'en ai beaucoup, je vais partager avec toi.
Peter connaissait le nom de toutes ses chèvres : la Turque, grande aux longues cornes, qui semait la pagaille dans le troupeau ; Chardonnerette, vive et agile, la seule à lui tenir tête ; Blanchette et Brunette ; et d'autres encore...
Heidi remarqua la mignonne Doucette qui bêlait sans cesse parce qu'elle n'avait plus sa maman. La fillette s'approcha de la chevrette et la serra contre elle pour la consoler de ses caresses.
Soudain, Peter poussa un cri et bondit : Chardonnerette s'était approchée d'un précipice. Un pas de plus et elle allait faire une chute mortelle. Il fonça. Mais au moment de l'atteindre, il trébucha et s'étala dans l'herbe. À plat ventre, il réussit quand même à attraper une de ses pattes.
– Heidi ! Heidi ! Vite ! Viens m'aider !
La chèvre se débattait pour se libérer. Heidi n'avait pas beaucoup de force, mais elle avait de bonnes idées. Elle cueillit une belle touffe d'herbe fraîche et la tendit à Chardonnerette qui, se laissant tenter, se retourna vers elle, s'éloignant ainsi du danger. Peter brandit alors son bâton :
– Tu vas prendre une correction, saleté de chèvre !
Heidi arrêta son bras, et lui expliqua que, pour se faire obéir, mieux valait douceur que violence. Et Chardonnerette échappa aux coups de bâton.
Juste avant le crépuscule, au moment où le soleil semblait mettre le feu à l'horizon, ils redescendirent vers la vallée. Heidi cueillit encore des fleurs dans son tablier. Mais, à l'arrivée, les fleurs étaient fanées.
– Elles aiment mieux le soleil que ton tablier, lui dit le grand-père.
Heidi lui raconta sa merveilleuse journée.
Il lui expliqua que si l'aigle jacassait dans le ciel, c'était pour se moquer des hommes qui s'entassaient bêtement dans les villes et les villages.

Tout l'été, Heidi accompagna Peter sur l'alpage. Elle faisait des provisions de forces, de joies et de couleurs.

Puis vinrent l'automne et le vent. Plus question d'aller sur l'alpage. Heidi admirait son grand-père quand il fabriquait une nouvelle chaise, un nouveau banc ; ou quand il plongeait ses grosses mains dans le chaudron pour brasser son lait caillé chaud.

Puis arriva l'hiver. La neige. Peter ne passait plus prendre les chèvres. Un jour, il monta tout de même pour voir Heidi.

– J'ai parlé de toi à Grand-mère. Elle veut te connaître. Je viens te chercher.

– Non ! Trop de neige ! répondit le vieux. Mais toi, Peter, tu vas manger un morceau avec nous.

Peter ouvrit de grands yeux quand le grand-père lui offrit, en plus de pain et de fromage, de délicieuses tranches de viande séchée, fines comme du papier. Puis il s'en repartit sans Heidi.
Mais les jours suivants, la gamine insista, insista : elle voulait aller voir la grand-mère. Le grand-père céda. Un après-midi de soleil, il sortit une luge.
– Tu vois, Heidi, il y a une barre à l'avant pour se tenir. Pour tourner ou freiner, on se sert des pieds. Couvre-toi bien, je t'emmène.
Ils s'installèrent sur le petit traîneau et hop, ils se laissèrent glisser vers le chalet où habitaient Peter, sa mère et sa grand-mère.
Ils furent tous bien ébahis en voyant arriver le vieux et la petite.
– Je vous laisse Heidi, dit le grand-père. Moi, je descends au bourg vendre mes fromages et faire des commissions.
– C'est la petite ! c'est la petite ! s'écria Brigitte. Ah ! Maman, si tu pouvais la voir : elle est jolie comme un cœur. Elle est fine comme sa mère, mais elle a des yeux noirs et les cheveux frisés de son grand-père de l'alpage.
De ses longs doigts, la grand-mère caressa le visage d'Heidi. Puis lui prit la main.
– Heidi, emmène-moi dehors. Tu me raconteras les paysages, et ta vie sur l'alpage.
Toutes deux marchèrent doucement.
– Lorsque j'entends ta voix, petite, c'est un peu comme si je voyais avec tes yeux. J'aime aussi les histoires. J'ai des livres à la maison, mais Brigitte n'a pas le temps, et Peter n'a jamais pu apprendre à lire. Et puis, je vais te dire, j'ai un autre rêve : remanger un jour du bon pain blanc. Je n'en connais pas la couleur, mais j'en garde l'odeur au fond de moi.
– Je te promets : quand je serai riche, je t'en porterai.
Le soir, quand le grand-père revint chercher Heidi, elles n'avaient pas vu le temps passer.
Il enveloppa à nouveau la gamine dans sa couverture et la prit par la main.
– Il va nous falloir grimper à pied. Cette fois, c'est nous qui allons tirer la luge.
Chemin faisant, Heidi expliqua à son grand-père que le chalet de la grand-mère avait vraiment besoin de réparations urgentes.
Ils revinrent le lendemain. Et tandis qu'Heidi tenait compagnie à la grand-mère, le grand-père, armé de clous et d'un marteau, rafistola les volets et consolida le toit du chalet.
Ils revinrent d'autres jours encore. Heidi s'occupait de la grand-mère. Le grand-père s'occupait des réparations.

L'hiver passa. La belle saison réapparut. Le soleil faisait fondre la neige. Les sapins et les pâturages retrouvaient leurs couleurs, les fleurs pointaient le bout de leurs pétales.

Blanchette et Brunette eurent chacune un chevreau. Et, contrairement à ses habitudes, le grand-père accepta de ne pas les vendre.

Deux années heureuses passèrent.

Heidi avait grandi. Elle n'entrait plus dans ses vêtements, ni ses chaussures. Alors le grand-père descendit avec elle jusqu'au bourg pour en acheter d'autres. Et les gens s'étonnaient en les voyant passer :

– Pas croyable ! Il est tout gentil avec elle.

– Regardez comme elle a l'air contente !

– Et en pleine santé !

Et puis, les ennuis arrivèrent.

Par deux fois, Peter apporta une lettre au grand-père. De la part du maître d'école du village : d'après la loi, Heidi aurait dû aller en classe dès l'année précédente ; cela ne pouvait plus durer. Le grand-père répondit qu'Heidi était heureuse et que les chèvres et les oiseaux ne lui apprenaient rien de mal. En plus, impossible pour elle de descendre au village par mauvais temps.

Quelque temps plus tard, nouvel ennui. C'était la tante Dete qui rappliquait, avec son chapeau ridicule. Elle venait chercher Heidi pour l'emmener à Francfort, dans une maison de riches où elle tiendrait compagnie à Klara, une petite fille infirme. Elle y recevrait enfin instruction et bonne éducation.

– Va au diable ! rugit le grand-père.

– Fais attention, l'Oncle ! Sinon nous irons au tribunal...

Le vieux hésita quelques instants, grommela, puis explosa de colère :

– C'est bon... Partez toutes les deux. Et que je ne vous revoie plus !

Heidi pleurait.

– Je veux rester avec Grand-père...

– Viens ici, commanda la tante, que je t'habille convenablement.

Elle obligea Heidi à enfiler une robe propre, lui colla son chapeau de paille sur la tête et lui prit fermement la main. Heidi se laissa emmener par la tante, qui ne lui permit même pas de s'arrêter à mi-chemin pour dire au revoir à la grand-mère.

Après le départ d'Heidi, quand l'Oncle descendait au village, il avait retrouvé son air triste et sauvage. Il ne s'arrêtait plus chez la grand-mère. Elle aussi était désespérée.

La voiture s'arrêta devant une belle maison de maître.
Heidi et sa tante furent accueillies par Sébastian, un grand gaillard aux yeux ronds comme des billes ; et par Linette, la soubrette, avec ses petits airs moqueurs. Elles furent présentées à Klara et à Mademoiselle Rottenmeier, la gouvernante qui commandait la maison en l'absence du maître, Monsieur Sesemann. Klara accueillit Heidi en souriant, mais la gouvernante fit la moue :
– Cette enfant est beaucoup trop jeune. Et puis « Heidi », ce n'est pas un prénom, ça !
– Elle s'appelle Adelheid, répondit la tante Dete. Elle va sur ses neuf ans et elle est très intelligente pour son âge. De toute manière, je suis obligée de vous la laisser. On m'attend.
Et la tante Dete tourna les talons et fila vers la sortie. La gouvernante essaya de la rattraper mais, s'empêtrant dans les plis de sa robe, elle trébucha et manqua de s'étaler sur le plancher.
Heidi et Klara pouffèrent de rire ensemble. Et quand Mademoiselle Rottenmeier réapparut, Klara donna un avis qui ressemblait à un ordre :
– Je veux avoir Heidi comme amie.
La gouvernante avait des ordres de son maître : elle ne devait pas contrarier Klara.
– Comme vous voulez, Mademoiselle Klara. Mais ce n'est pas une bonne idée.
Bientôt ce fut l'heure du repas. Heidi en profita pour glisser un petit pain blanc dans sa poche. Sébastian servit Heidi après Klara et la gouvernante.
– Merci, Sébastian, tu es très gentil, lui dit Heidi.
Lorsqu'il fut retourné en cuisine, la gouvernante interpella Heidi :
– Pour parler à Sébastian, il ne faut pas dire " tu " ; mais " vous " ou " il ".
Puis elle ajouta toute une série de recommandations à observer sur les façons de se bien conduire : comment entrer, sortir, saluer, remercier, dire " oui ", dire " non "...
Heidi était tellement fatiguée qu'elle n'écoutait plus, n'entendait plus. Elle s'était endormie sur sa chaise. Il fallut la réveiller. Et Sébastian la porta jusqu'à sa chambre.

Quand Heidi ouvrit les yeux, elle se demanda où elle était. Elle se leva, se lava, s'habilla, alla à la fenêtre et se dressa sur la pointe des pieds pour apercevoir les montagnes. Point de montagnes, rien qu'un mur et un coin de ciel. Elle se sentit enfermée. Soudain Linette la soubrette apparut à la porte.
– Adelheid ! Dépêchez-vous ! On vous attend pour le petit déjeuner.
Devant une table garnie de bonnes choses, Heidi retrouva Klara, toute contente. Elles grignotèrent et bavardèrent comme deux enfants qui s'amusent.
– Après nous irons retrouver le précepteur, expliqua Klara. Tu verras, Heidi, il explique bien. Si on ne comprend pas, il explique encore, et on ne comprend pas mieux. Mais quand on a appris sa leçon, alors on comprend ce qu'il voulait dire.
Elles furent interrompues par l'arrivée de Mademoiselle Rottenmeier, qui les conduisit en salle d'études. Elle expliqua au précepteur qu'il aurait du mal à mener en même temps l'instruction de deux fillettes d'âges et de niveaux scolaires si différents. Le précepteur décida d'essayer quand même. Il invita ses deux élèves à s'asseoir devant leur table de travail. Et il parla, parla, parla...
Soudain, à travers la fenêtre, on entendit un roulement de calèche dans la rue. Surprise, Heidi bondit vers la porte, accrochant au passage le tapis du bureau et renversant livres, cahiers et encrier. Un petit ruisseau d'encre violette coula sur le sol. Klara éclata de rire. Le précepteur était consterné, la gouvernante était furieuse.
– Mademoiselle Adelheid, quand on étudie on reste assise. Bras croisés.

L'après-midi, Klara devait se reposer. Alors Heidi était libre. Elle alla trouver Sébastian.
– “ Vous ou il ”, lui demanda-t-elle. Je veux savoir quelque chose.
– Mamzelle, pourquoi m'appelez-vous « vous ou il » ? Je m'appelle Sébastian.
– C'est Mademoiselle Rottenmeier qui m'a dit de vous appeler « vous ou il ». Et puis, moi, je ne m'appelle pas Mamzelle, je m'appelle Heidi.
– D'accord, Mamzelle Heidi. Que voulez-vous savoir ?
– Comment on ouvre les fenêtres ?
Il manœuvra l'espagnolette et approcha un tabouret pour qu'Heidi puisse regarder.
– Je ne vois qu'une rue.
– Il n'y a que des rues, à Francfort.
– Mais pour voir la vallée au loin ?
– Mamzelle Heidi, il faudrait monter tout en haut d'un clocher. Regardez, il y en a un là-bas.

Heidi avait décidé de sortir. Elle voulait trouver un clocher. Elle enleva ses chaussures, mit son châle et son chapeau de paille et sortit dans la rue. Des gens allaient et venaient, l'air pressé. Elle demanda son chemin à un gamin, pieds nus lui aussi, qui jouait de l'orgue de Barbarie.

– Suis-moi, je t'emmène, répondit-il.

Le gardien de l'église accepta d'emmener Heidi en haut du clocher. Déception : même de là-haut, on ne voyait que des rues et des toitures.

En redescendant, ils passèrent devant la loge du gardien. Une grosse chatte était allongée là avec une portée de chatons.

– Qu'ils sont mignons ! s'écria Heidi.

– Si tu les veux, je te les donne tous, répondit le gardien.

Heidi en emporta deux dans ses poches : un blanc et un roux tigré. Le gardien, qui connaissait bien la maison de Monsieur Sesemann, promis de porter les autres à Klara le lendemain.

Le gamin reconduisit Heidi jusqu'à la maison de Monsieur Sesemann.

– Vite, vite, Mamzelle, ils sont à table ! s'écria Sébastian en lui ouvrant la porte.

– Où étais-tu passée, sauvageonne sans cervelle ? gronda Mademoiselle Rottenmeier.

Heidi ouvrit la bouche... et l'on entendit une réponse inattendue :

– Miiiaou.

– Petite insolente, tu vas voir !

– Miiiaou... Miiiaou...

Soudain, la gouvernante vit la tête d'un chaton sortir de la poche d'Heidi. Elle se leva et s'enfuit en hurlant.

– Sébastian ! Sébastian ! Débarrassez-moi de ces horribles bestioles !

Heidi posa les deux chatons sur les genoux de Klara. Les deux gamines étaient heureuses. Et Sébastian rigolait.

– Ne vous inquiétez pas, je vais leur donner du lait. Et cette nuit ils dormiront dans une jolie corbeille.

Heidi glissa quelques mots à l'oreille de Klara :

– Pour demain, je t'ai préparé d'autres surprises.

Heidi et Klara étaient en salle d'études. Soudain d'énergiques coups de sonnette secouèrent le silence de la maison. Ça devait être Monsieur Sesemann. Mais non.
– C'est un garçon tout sale, annonça Sébastian. Il dit qu'il a rendez-vous avec vous, Mamzelle Klara.
– Vite, faites-le entrer ! s'écria-t-elle.
Elle découvrit un gamin en guenilles, qui commença à tourner la manivelle de son orgue de Barbarie.
– Il vient jouer pour toi, dit Heidi.
Klara fermait les yeux, ravie... Mais voilà qu'arrive, comme une furie, la gouvernante :
– Qu'est-ce que c'est que ce va-nu-pieds ? !
– C'est un musicien. Donnez-lui quarante pfennigs, exigea Klara. Il les a bien mérités.
– Bon, d'accord, Mademoiselle Klara. Mais après, Sébastian le reconduira à la porte.
– Avant de partir, dit Klara, il nous jouera encore un air.
Après ce second morceau, Klara en voulut encore un, puis encore un autre. À la fin du quatrième morceau, nouveau coup de sonnette.
Sébastian alla ouvrir et revint porteur d'une grande corbeille recouverte d'un tissu.
– C'est un monsieur qui a apporté ça pour Mamzelle Klara.
Le tissu bougeait, s'agitait...
– Miiiaou...
– Miiiaou... Miiiaou...
– Miiiaou... Miiiaou... Miiiaou...
Un, deux, trois, quatre, cinq, six petits chats s'évadèrent du panier et commencèrent à courir partout, à se chamailler, à s'agripper au pantalon du précepteur, à la jupe de Mademoiselle Rottenmeier, à grimper aux rideaux...
Et, cette fois encore, la gouvernante prit la fuite.

Quelques jours plus tard, alerté par une lettre de la gouvernante, Monsieur Sesemann arriva. Après avoir longuement embrassé sa fille, il convoqua dans son bureau Mademoiselle Rottenmeier et le précepteur.
– Ainsi, si j'en crois votre lettre, cette Adelheid est une petite sauvage mal élevée. Elle est à moitié folle, elle sort pieds nus dans la rue, habillée comme une bohémienne...
– Et ce n'est pas tout, ajouta la gouvernante. Elle manque totalement de propreté : Linette a trouvé dans son armoire des morceaux de pain moisis, un châle dégoûtant et un chapeau de paille informe. J'ai fait jeter tout cela à la poubelle par Sébastian. J'ajoute qu'elle ne sait ni lire ni écrire.
Le précepteur prit la parole pour nuancer un peu les choses :
– C'est vrai, Heidi déborde de spontanéité. Elle agit parfois sans réfléchir. C'est vrai que je n'ai jamais pu lui faire comprendre que les lettres sont des sons qui, en se combinant, permettent de composer des syllabes, puis des mots, puis des phrases. Cela dit, elle est étonnante en calcul mental. Elle m'a dit que pour elle, compter des bâtons ou des chiffres, c'était aussi facile que de compter des chèvres.
Monsieur Sesemann fit appeler Heidi.
– Dis-moi, petite, pourquoi mets-tu de vieux bouts de pain dans ton armoire ?
– C'est pour ma grand-mère, j'ai promis de lui en apporter.
– Et ces animaux que tu as ramenés ?
– C'étaient des chatons, pour amuser Klara.
– Et ce gamin aux pieds nus ?
– Il m'a emmenée pour monter au clocher. C'est un pauvre musicien, il est venu jouer pour Klara.
– Qu'allais-tu faire dans ce clocher ?
– Je voulais voir mon pays. L'alpage vert, la neige blanche...
Ils discutèrent encore un moment, et Monsieur Sesemann comprit. Il alla trouver sa fille.
– Ma Klara, veux-tu qu'Heidi reparte chez elle ?
– Oh non ! Elle me raconte ses aventures dans la montagne. Et puis, avec elle, il se passe tous les jours quelque chose d'amusant !
– D'accord, Heidi restera. Mais je vais demander à ma mère de venir veiller au bon ordre de cette maison.
– Bonne idée ! J'adore Bonne-maman.
Pendant les jours qui suivirent, Klara n'arrêta pas de parler de Bonne-maman à Heidi. Bonne-maman était gentille, Bonne-maman embrassait, elle lisait des histoires, elle comprenait tout.
Et, en plus, maintenant, ce ne serait plus Mademoiselle Rottenmeier qui commanderait.

Tout le monde s'était préparé pour accueillir la mère de Monsieur Sesemann : Linette avait mis une coiffe blanche toute propre ; Sébastian souriait de tous ses yeux et disposait des sièges un peu partout ; Klara trépignait d'impatience sur son fauteuil. Seule Mademoiselle Rottenmeier avait le nez triste.
On entendit une calèche, un tintement de sonnette, Madame Sesemann arrivait. C'était une mignonne dame aux cheveux blancs comme l'argent. Elle échangea de rapides salutations avec les grandes personnes, puis alla poser de longs baisers sur les joues de Klara.
– Bonjour, Bonne–maman, dit Klara. Voici Heidi, ma meilleure amie.
– Bonjour, Bonne-maman, répéta Heidi.
Mademoiselle Rottenmeier se raidit :
– Adelheid ! dit-elle d'un ton sec comme un coup de baguette, ce n'est pas comme cela que vous devez vous adresser à Madame Sesemann Mère !
Heidi ne comprit pas très bien.
– Alors, elle aussi, je dois l'appeler "vous ou il" ?
La vieille dame s'interposa.
– Tu m'appelleras Bonne-maman, et moi, je t'appellerai Heidi.
Puis elle déballa, un par un, les beaux livres qu'elle avait apportés pour Klara.
– Tu les prêteras à Heidi.
– Mais... mais... Bonne-maman... Je ne sais pas lire, soupira Heidi. Et mon ami Peter m'a assuré que les enfants des alpages ne pouvaient pas apprendre à lire. Quand le précepteur me dit que les lettres sont des sons, moi je vois des dessins.
– Heidi, raconte-moi les dessins que tu vois.
– M c'est comme les montagnes. C c'est comme les cornes de Blanchette. O comme un fromage tout rond. T comme un aigle dans le ciel. S comme un petit ruisseau dans l'herbe. Q comme le dos d'un petit chat avec sa queue qui dépasse.
– C'est amusant et pas bête du tout. Avec moi, tu apprendras. Tu verras, ce sera amusant. Et pour commencer nous oublierons les lettres et les sons.

L'après-midi, pendant que Klara faisait sa sieste, Bonne-maman prit un livre et s'installa auprès d'Heidi.
– Ce livre-là, il sera bientôt à toi. Dès que tu sauras lire. Veux-tu connaître l'histoire qu'il raconte ?
– Oh, oui !
Alors, Bonne-maman commença à lire, c'était l'histoire d'un jeune berger qui vivait dans la montagne. Tout en lisant, elle montrait des mots à Heidi.
– Celui-là veut dire "berger", celui-là veut dire "chèvre", celui-là, c'est "montagne", celui-là, c'est "chalet"...

Heidi apprenait vite ce que lui montrait Bonne-maman.
– Je comprends : les mots, c'est comme des choses, des gens, des animaux, des paysages, des odeurs, des couleurs...
Et bientôt, ce fut le précepteur qui fut bien étonné : Heidi commençait à lire toute seule. Et Bonne-maman lui offrit le livre qu'elle avait gagné. Elle le lisait et le relisait. Elle restait longtemps à regarder les images. Elle pensait à son grand-père, à ses amis de l'alpage. Elle voulait partir les retrouver. Et, peu à peu, elle perdait sa joie et son appétit.
Personne ne s'en aperçut, sauf Bonne-maman. Mais Heidi ne voulut rien lui dire.
Les autres ne se souciaient pas d'elle, car quelque chose d'étrange et d'effrayant venait d'arriver : depuis quelques jours, un fantôme rôdait dans la maison. On avait beau verrouiller la porte d'entrée à clef le soir : tous les matins, on la trouvait ouverte.
Tout le monde avait peur.
Il fallait d'urgence faire venir Monsieur Sesemann.

Monsieur Sesemann avait commencé par bien rire. Mais il prit l'affaire au sérieux quand, le lendemain de son arrivée, il trouva la porte d'entrée déverrouillée, grande ouverte. Il pensa à un cambrioleur. Mais rien n'avait disparu dans la maison. Il décida de monter la garde la nuit suivante, en compagnie de son ami le docteur Classen, un homme qui, lui non plus, ne croyait pas aux fantômes. Le soir venu, ils s'installèrent dans des fauteuils et attendirent. Les heures passèrent. Rien.

Les douze coups de minuit sonnèrent. Rien.

Un peu plus tard, ils entendirent un léger bruit de pas.

Monsieur Sesemann empoigna un chandelier de la main gauche, un revolver dans la droite et se leva. Le docteur Classen fit de même. Et que virent-ils ?!

Une silhouette blanchâtre descendait l'escalier. S'approchait de la porte. Tira les verrous et sortit dans la rue.

C'était Heidi ! En chemise de nuit et pieds nus. Ils la rattrapèrent. Elle les regarda tout étonnée.

– Que fais-tu là, Heidi ? demanda Monsieur Sesemann.

– Je ne sais pas. J'étais dans mon lit.

Le docteur ramena Heidi dans son lit et resta avec elle pour lui parler doucement. Quand elle fut rendormie, il revint auprès de Monsieur Sesemann.

– Je sais de quel mal elle souffre, dit-il. C'est le mal du pays. Elle m'a raconté que chaque nuit elle faisait le même rêve : elle ouvre la porte du chalet de son grand-père et regarde au loin l'alpage et la montagne. Il faut absolument la ramener chez elle.

La Tante Dete fut prévenue. Mais elle trouva une demi-douzaine de bonnes raisons pour expliquer qu'elle ne pouvait pas ramener Heidi chez son grand-père. Ce serait donc le brave Sébastian qui s'en chargerait.

On s'occupa de faire la valise d'Heidi. Monsieur Sesemann y avait ajouté quelques livres et de jolis vêtements de sa fille devenus trop petits. Cela faisait plaisir à Klara, mais en même temps elle était désespérée de voir son amie s'en aller. Heidi aussi était partagée entre bonheur et tristesse.
– Je vais apprendre à écrire. Bientôt je t'enverrai des lettres. Promis !
Klara lui tendit un panier.
– J'y ai mis des petits pains blancs pour ta grand-mère. Et aussi ton chapeau de paille et ton châle. Sébastian les avait sauvés de la poubelle. Et bientôt je viendrai te voir dans ton chalet, avec mon père et Bonne-maman.
Heidi et Sébastian partirent le lendemain à l'aube. Calèche, train, autre train, charrette. Ils arrivèrent à Dörfli alors que l'après-midi s'achevait.
Heidi marchait émerveillée. Comme d'habitude, les gens les suivaient du regard, hochaient la tête, et échangeaient des grimaces et des ragots à leur passage :
– C'est l'orpheline. Elle est très élégante avec son chapeau à plume et sa robe.
– Mais qui c'est ce grand diable ? Il la ramène chez l'Oncle ?
– Pauvre petite, elle est toute souriante. Elle ne sait pas ce qui l'attend. L'Oncle est plus méchant que jamais.
Heidi pointait le doigt vers la montagne. Il lui semblait que ses chers paysages avaient mis leurs plus belles parures pour l'accueillir.
– Tu vois, Sébastian, là-haut il y a ma maison. Mon paradis.
Ils commencèrent à gravir le chemin. Sébastian s'essoufflait à porter la grosse valise. Heidi cavalait avec son panier. Ils s'arrêtèrent à mi-chemin, au chalet de Brigitte.
– Maman ! Maman ! Heidi est revenue ! s'écria Brigitte.
Heidi lui offrit son chapeau à plume. Puis elle s'approcha de la grand-mère qui, longuement, lui caressa le visage, comme elle faisait toujours.
– C'est bien toi, ma petite.
– Grand-mère, voici les pains blancs que je t'avais promis ! Je reviendrai bientôt. Je vous lirai des histoires. Mais là, j'ai hâte de retrouver Grand-père !
Déjà elle s'était déchaussée, elle avait mis son vieux châle.
– Sébastian, tu es fatigué, tu peux repartir ! Je connais le chemin par cœur. Grand-père viendra chercher la valise demain.
Sébastian lui mit dans les mains une enveloppe et un rouleau de papier épais.
– Tenez, Mamzelle, Monsieur Sesemann m'a donné ça pour votre grand-père. Faites-y bien attention, et à vous aussi faites bien attention, Mamzelle.
Heidi se dressa sur la pointe des pieds et lui tendit les bras pour un dernier baiser.

L'oncle de l'Alpage entendit un bruit de pas. Il se dressa, l'œil mauvais et… miracle, son visage se transforma, s'épanouit de bonheur :
– Ma petite ! ma petite ! Mon Heidi !
Il la souleva, la serra dans ses bras, la berça, et tourna avec elle comme s'il dansait de joie. Puis il la reposa doucement. Et Heidi vit quelque chose qu'elle n'avait jamais vu : son grand-père pleurait.
– Ne pleure pas, Grand-père. Je resterai toujours avec toi.
Elle lui tendit la lettre et le rouleau.
– Ouvre vite, Grand-père, je ne sais pas ce qu'il y a dedans !
Il déroula doucement le papier. Des pièces d'or tombèrent entre ses mains.
– On est riches ! On est riches, s'écria Heidi. Il y a aussi une lettre pour toi.
Le grand-père lut la lettre à haute voix. Elle disait que les pièces d'or étaient un petit remerciement pour les joies qu'Heidi avait données à Klara. Cet argent l'aiderait à continuer son éducation et à acheter toutes les choses qui lui seraient utiles. Des vêtements ou un lit, par exemple.
– Pas besoin d'acheter de nouveaux vêtements, j'en ai plein dans la valise, dit Heidi. Et je ne connais pas de meilleur lit que mon nid au-dessus de toi, au milieu du foin.
À cet instant, il y eut un tintement de clochettes. C'était Peter, c'étaient les chèvres. Blanchette et Brunette s'approchèrent. Elles reconnaissaient Heidi.
Heidi embrassa Peter.
– Je sais lire, maintenant. Je t'apprendrai. Tu verras, c'est facile.
Le Grand-père prit la parole :
– En tout cas, toi, Heidi, bientôt tu vas aller à l'école. Nous allons nous installer au village.
– Mais… alors… Je ne pourrai plus aller sur l'alpage avec Peter ?
– Bien sûr que si. Aux beaux jours, nous reviendrons dans notre chalet. En attendant, je vais te tirer un grand bol de lait pour te donner des forces.

Le lendemain, ils allèrent chez Brigitte récupérer la valise. Et Heidi en profita pour lire une histoire à la grand-mère.
Le dimanche suivant, descendant de son lit, Heidi fut tout étonnée de voir son grand-père habillé en costume à boutons d'argent.
– Je ne t'ai jamais vu aussi beau, Grand-père.
– Eh oui, et toi aussi tu vas te mettre en dimanche, car nous allons aller à la messe.
– À la messe ? On n'y est jamais allés ! Et puis il y aura tous les gens du village… Et tu ne les aimes pas.
– C'est justement pour ça. Allez, bois ton lait et habille-toi.

En bas, dans la vallée, on entendait sonner les cloches.
Quand ils entrèrent dans l'église, la messe venait de commencer. Tandis qu'ils prenaient place, les paroissiens les regardèrent bouche bée et sourcils levés. Le prêtre s'interrompit un instant, puis monta en chaire. Il raconta une histoire qui plut beaucoup à Heidi. Cela s'appelait la parabole de l'enfant prodigue.
L'Oncle aussi semblait très intéressé.
À la sortie de la messe, les gens leur souriaient. Et l'Oncle souriait aussi. Quelques-uns vinrent dire bonjour à l'Oncle et à Heidi. Et il leur serra la main.
Ils rentrèrent tout heureux au chalet.
Quelques jours plus tard, Peter apporta une enveloppe que le facteur lui avait remise pour Heidi. Elle l'ouvrit et lut la lettre.
– Grand-père ! Grand-père ! Klara va venir nous voir l'automne prochain ! Avec son père et Bonne-maman !
Le soleil venait de se lever. Une nouvelle vie commençait.